Bibliografische Information der Deutschen Nationalbibliothek:

Die Deutsche Bibliothek verzeichnet diese Publikation in der Deutschen National-
bibliografie; detaillierte bibliografische Daten sind im Internet über http://dnb.d-
nb.de/ abrufbar.

Impressum:

Copyright © 2003 GRIN Verlag, Open Publishing GmbH
Druck und Bindung: Books on Demand GmbH, Norderstedt Germany
ISBN: 9783638934220

Dieses Buch bei GRIN:

http://www.grin.com/de/e-book/11737/untersuchungsmethoden-von-web-usability-
ein-kurzer-ueberblick

Thomas Guttsche

Untersuchungsmethoden von Web-Usability: ein kurzer Überblick

GRIN Verlag

Referat

Untersuchungsmethoden von Web-Usability

Gliederung

Einführung

Wer sich auf der Website des Schreibgeräte-Herstellers Montblanc über einen Füller informieren will, wird zuerst mit einem technischen Quiz konfrontiert: Die Startseite quält unerfahrene Websurfer mit der Auswahl zwischen `Flash-Version´ und `HTML-Version´. In der HTML-Version erschweren dann viele grafische Effekte den Zugang zu den eigentlichen Informationen. Auch die Web-Auskunft der DeTeMedien (www.teleauskunft.de) macht es ihren Nutzern unnötig schwer: Hier gilt es herauszufinden, welches der Logos Zierde und welches ein Link ist. Außerdem muss man raten, hinter welchem Link sich die Suche für die gewünschte Telefonnummer verbirgt.

Beide Beispiele sind beileibe keine Einzelfälle: Im Alltag ärgern sich die Surfer häufig über unverständliche Menüs, versteckte Basisinformationen und komplizierte Bestellvorgänge. Dabei haben Software-Ergonomen längst Methoden entwickelt, mit deren Hilfe sich auch Websites benutzerfreundlicher gestalten lassen. Es gibt sogar eine DIN/ISO-Norm, die genau beschreibt, was mit Benutzerfreundlichkeit (Usability) gemeint ist, nämlich `das Ausmaß, in dem ein Produkt durch bestimmte Benutzer in einem bestimmten Kontext genutzt werden kann, um bestimmte Ziele effektiv, effizient und zufrieden stellend zu erreichen.´ Im Normendeutsch spricht man von `Gebrauchstauglichkeit´.

Software-ergonomische Verfahren werden für Websites bisher nur zögerlich eingesetzt. Wenn es um die Benutzerführung geht, greifen Designer meist auf Marktforschungsstudien zur entsprechenden Zielgruppe zurück. Dies spiegelt sich in der hohen Zahl allgemeiner Untersuchungen mit Marktforschungs-Charakter für das Web wider. Bekannte und etablierte Studien wie die W3B-Umfrage oder der `Online-Monitor` der GFK geben Aufschluss über demografische Daten oder wirtschaftliche Perspektiven wie etwa Kaufabsichten und -hindernisse.

Wie die Surfer eine Website wirklich nutzen, erfährt man in diesen Studien allerdings nicht. Über das Nutzerverhalten geben Meinungsumfragen nämlich keine Auskunft, da die Selbsteinschätzung der Surfer oft erheblich vom tatsächlichen Verhalten abweicht. Benutzerfreundlich ist beispielsweise eine Shopping-Site nicht dann, wenn ein Besucher glaubt, dort einfach bestellen zu können, sondern nur dann, wenn es ihm tatsächlich gelingt, die gewünschten Waren zu kaufen. Dies ist auch für den Betreiber entscheidend, denn die reine Kaufabsicht zahlt sich für ihn nicht aus.

Definition

Usability: klare Definition - schwammiges Berufsbild

Der englische Begriff `Usability` hat sich eingebürgert, wenn es um die Benutzerfreundlichkeit von Software und Websites geht. Die korrekte Bezeichnung im Deutschen ist das sperrige Wort `Gebrauchstauglichkeit`. Dieser Begriff ist in der DIN-ISO-Norm 9241-11 definiert als `das Ausmaß, in dem ein Produkt durch bestimmte Benutzer in einem bestimmten Nutzungskontext genutzt werden kann, um bestimmte Ziele effektiv, effizient und zufrieden stellend zu erreichen.` Effektivität meint dabei, ob ein Nutzer in der Lage ist, sein gewünschtes Ziel zu erreichen. Möchte jemand zum Beispiel ein Buch bei einem Online-Shop bestellen, ist die Web-Filiale nur dann effektiv, wenn der Vorgang gelingt.

Der Begriff `Effizienz` zielt auf den Aufwand ab. Es geht darum, dass keine unnötigen Umwege und kein Mehraufwand für den Nutzer entstehen. Müssen also etwa in einem Online-Shop auch bestehende Kunden jeweils ihre kompletten Adressdaten eingeben, ist dies nicht effizient. `Zufrieden stellend´ meint, ob sich jemand bei der Nutzung einer Software wohl fühlt oder ob das Web-Design als angenehm und freundlich empfunden wird.

Darüber hinaus definiert die DIN-ISO 9241-10 einige Grundsätze für die benutzer-freundliche Gestaltung von Software, die sich auch auf Web-Seiten übertragen lassen. Diese sind: Aufgabenangemessenheit, Selbstbeschreibungsfähigkeit, Steuerbarkeit, Er-wartungskonformität, Fehlertoleranz, Individualisierbarkeit, Lernförderlichkeit. Hilfen zur Prozessgestaltung für mehr Benutzerfreundlichkeit finden sich in der DIN EN ISO 13407 `Benutzerorientierte Gestaltung von interaktiven Systemen´.

Usabiltiy Evaluation - Test Methoden

Experten-fokussiert: Heuristische Evaluation

Unter heuristischer Evaluation versteht man, dass eine Gruppe von Gutachtern die Be-nutzerschnittstellen eines Produktes untersucht und überprüft, inwieweit diese mit be-stimmten Prinzipien der Usability, den so genannten Heuristiken, übereinstimmen. Heu-ristiken sind Richtlinien für die benutzerfreundliche Gestaltung von Informationssyste-men, die auf der Grundlage empirischer Erkenntnisse von Experten entwickelt werden. Heuristiken können von unterschiedlichem Umfang und unterschiedlicher Qualität sein, sie können domänenspezifisch oder genereller Art sein, sie können designorientiert, aber ebenso evaluationsorientiert angewendet werden. Bei der evaluationsorientierten Anwendung bilden sie in Form von Checklisten die Grundlage für das Entdecken und Diagnostizieren von potenziellen Usability-Problemen. Die Evaluation der Benutzer-schnittstelle erfolgt durch das Abarbeiten der Heuristiken, die in der Regel als Anwei-sungen oder Fragen formuliert sind. Die einzelnen Punkte der Heuristiken können in der Regel mit einer Ja/Nein-Entscheidung als zutreffend oder nicht zutreffend bewertet werden, zum Teil werden auch Bewertungsskalen verwendet, um den Grad anzugeben, inwieweit den Anweisungen oder Fragen der Heuristik entsprochen wird. Als Gutachter kommen verschiedene Personengruppen in Frage, aber es sind in jedem Fall Experten und keine Endnutzer, denn die Erfahrung hat gezeigt, dass diese Personengruppe mit dem Verfahren der heuristischen Evaluation in der Regel nur die Hälfte der von Experten aufgedeckten Usability-Mängel findet. Gutachter können entweder Personen mit Erfahrung im Usability-Testing sein oder Webexperten wie zum Beispiel Designer oder Programmierer oder eine Kombination beider Personengruppen (Doppelexperten). Untersuchungen zeigen, dass diese Doppelexpertisen besonders erfolgreich sind. Als Gruppengröße werden drei bis fünf Gutachter empfohlen: Ein einzelner Gutachter erkennt etwa 35 Prozent aller Usability-Probleme, eine Gruppe von drei bis fünf Gutachter findet etwa 60 bis 70 Prozent der Usability- Probleme. Wie Untersuchungen ergeben haben, ist die heuristische Evaluation im Verhältnis zu anderen Testmethoden relativ kostengünstig, benötigt wenig Zeit, ist einfach vorzubereiten und durchzuführen. Nach Levi & Conrad ist für die Vorbereitung und Durchführung einer heuristischen Evaluation mit folgendem zeitlichen Aufwand zu rechnen: etwa vier Stunden für jeden Gutachter und etwa zehn Stunden für den Versuchsleiter. Darin enthalten sind eine Einführung in die Zielsetzung des Angebotes, eine eineinhalbstündige individuelle Evaluation der Webseiten durch die Evaluatoren und eine eineinhalbstündige Gruppensitzung zur Diskussion und Zusammenführung der Ergebnisse. Nicht mit eingerechnet wurde die Analyse der Ergebnisse, die je nach Grad der Erschließungstiefe sehr zeitintensiv sein kann. Bei allen expertenzentrierten Evaluationsverfahren, also auch bei der heuristischen Evaluation, muss allerdings mit bedacht werden, dass Evaluationsexperten in der Regel nicht die Endnutzer darstellen und diese deshalb bestenfalls die Sicht bzw. den Informationsbedarf der potenziellen Endnutzer simulieren können. Dies gilt insbesondere hinsichtlich der Bewertung der Navigation in informationsorientierten Websites, da die Experten mit den Grundlagen von Systemarchitekturen vertraut sind und nicht hinter dieses Wissen zurück können. Trotz der beschriebenen Einschränkungen gilt diese Methode als ein sehr effizientes Verfahren im Rahmen des Usability Engineerings. Anzumerken bleibt, dass die heuristische Evaluation nur bis zu einem bestimmten Prozentsatz der identifizierten Usability-Probleme ein sinnvolles Kosten-Nutzen-Verhältnis aufweist. Fünf bis sechs Gutachter finden etwa 75 Prozent der Probleme; um auf etwa 90 Prozent zu kommen, benötigt man 14 bis 15 Gutachter.

Benutzer-fokussiert: Usability-Testing

Beim Usability-Testing wird mit Personen getestet, die sich aus dem Kreis der anvisierten Nutzergruppe rekrutieren, ob ein bestimmtes Produkt die vorher festgelegten Kriterien hinsichtlich Benutzbarkeit tatsächlich erfüllt. Diese Vorgehensweise wird allgemein als das Herzstück des Usability Engineerings bezeichnet. Zum Erfassen der Bewertungen durch die Nutzer gibt es mehrere Möglichkeiten. Bei der Plus-Minus- Methode markieren die Versuchspersonen während des Tests Designelemente und geben ihre Bewertung anhand der Vergabe eines Plus- bzw. Minuszeichens ab. Dann kommentieren sie, warum ihnen dieses Designelement gefallen bzw. Schwierigkeiten gemacht hat. Bei dieser Methode übernehmen die Versuchspersonen die Rolle von Gutachtern. Als alternative Evaluationsmethoden bietet sich das Testing in der Kombination mit der Methode des "thinking-aloud" oder Lauten Denkens an. Dabei werden die Versuchspersonen angehalten, alles, was sie während der Erledigung der Testaufgaben denken und tun, laut auszusprechen. Indem sie ihre Gedanken und Handlungen verbalisieren, erlauben sie es, Einsicht zu nehmen, wie sie mit dem Computer bzw. der Website interagieren, wo Verständnisprobleme auftreten und welcher Art diese sind. So entstehen Daten mit hoher Validität, denn die Daten zeigen nicht nur, was die Benutzer tun, sondern auch, warum sie es tun, und diese Erklärungen erfolgen – und das ist sehr wesentlich – synchron zur Aktion. Zur Methode des lauten Denkens muss einschränkend angemerkt werden, dass deren Erfolg in Abhängigkeit zur Fähigkeit und Bereitschaft der Versuchspersonen zur Verbalisierung des Handelns und des Denkens steht. Es kann dabei nicht vollständig ausgeschlossen werden, werden, dass dadurch in Einzelfällen ein höheres Problembewusstsein bei den Versuchspersonen ausgelöst wird, das beispielsweise zu einer kritischeren Einstellung führt oder die Spontaneität des Handelns bremst. Der besondere Reiz des Benutzertestverfahrens in Kombination mit dem Lauten Denken besteht darin, dass damit bereits mit wenigen Versuchspersonen relevante Daten generiert werden können, die über die Usability-Probleme Auskunft geben. Die Anzahl der benötigten Versuchspersonen differiert von der Heterogenität der angepeilten Nutzergruppe. Bei homogenen Zielgruppen können bereits mit 5 Personen 70 Prozent der gravierenden Benutzungsprobleme gefunden werden, 90 Prozent lassen sich bei der Anzahl von 15 Personen erreichen. Bei heterogenen Zielgruppen erhöht sich die Anzahl entsprechend. Das Usability Testing existiert in zwei Versionen. Bei dem traditionellen Usability-Testing, auch "Deluxe-Usability-Testing" genannt, werden die Tests in einem Usability-Labor durchgeführt. Abbildung 1 zeigt ein einfach ausgerüstetes Usability-Labor, wie wir es im Rahmen unserer Projekte einsetzen. Während des Tests werden dabei von je einer Videokamera Bild und Ton von der Versuchsperson und dem Bildschirminhalt geliefert, zusammengeführt und aufgezeichnet. Die Aktionen auf dem Bildschirm werden zusätzlich mit einer digitalen Screencam, einer Software zur Erfassungen der digitalen Bewegungen auf dem Bildschirm, aufgezeichnet. Die gewonnenen Versuchsdaten werden anschließend transkribiert und können dann ausgewertet werden.

Zur Minimierung des hohen Aufwands bei Vorbereitung, Durchführung und Auswertung kann auch eine vereinfachte Variante des Benutzertests (Discount Usability Testing) mit lautem Denken verwendet werden. Dabei wird auf die Aufzeichnung mit Video und die Transkription der Videoaufzeichnungen verzichtet, was den Aufwand beträchtlich reduziert. Stattdessen machen sich Versuchsleiter oder Versuchsbeobachter an kritischen Stellen Notizen, die dann ausgewertet werden. Die Wahl des Verfahrens steht in Abhängigkeit von dem Umfang des Testgegenstandes und von den Zielen, die mit dem Test erreicht werden sollen. Die einfache Variante des Usability-Testings ist dann zu empfehlen, wenn es sich beispielsweise um die Homepage handelt und/oder lediglich die so genannten 'Usability-Katastrophen' entdeckt werden sollen, die von dem Versuchsleiter während der Beobachtung der Handlungen und Kommentare der Testpersonen direkt dokumentiert werden können. Das traditionelle Usability Testing ist wesentlich aussagekräftiger und erlaubt eine Klassifizierung der Usability-Probleme, d.h., ob es sich beispielsweise um ein Terminologieproblem oder um Probleme der Informationsarchitektur handelt, woraus sich wertvolle Hinweise bezüglich des Redesigns ergeben. Durch die vollständige Dokumentation der Tests durch die Video- und Screencamaufzeichnungen ist die Gefahr, dass der Versuchsleiter relevante Informationen übersieht, ausgeschlossen. Außerdem kann auf die Dokumentation wiederholt und zu jedem beliebigen Zeitpunkt zurückgegriffen werden. Insbesondere anhand der Screencamaufzeichnungen, die die Cursorbewegungen lückenlos dokumentieren, lassen sich Orientierungs- bzw. Navigationsprobleme eindeutig identifizieren.

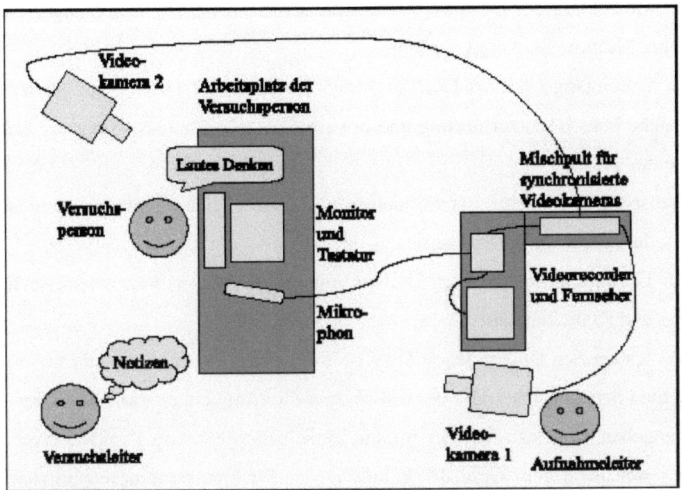

Abbildung 1: Usability-Labor

Der Keevil-Usability-Index

Der *Keevil-Usability-Index* ist eine Checkliste von Fragen, die von dem kanadischen Beratungsunternehmen *Keevil & Associates* entwickelt und auf der Konferenz *Computer Human Interaction CHI '98* vorgestellt wurde. Die 203 Fragen der Checkliste können mit *Ja (Yes)*, *Nein (No)* oder *Nicht zutreffend (Not Applicable, N/A)* beantwortet werden und sind in fünf Finding the information: Can you find the information you want? Understanding the information: After you find the information, can you understand it? Supporting user tasks: Does the information help you perform a task? Evaluating the technical accuracy: Is the technical information complete? Presenting the information: Does the information look like a quality product? unterteilt.

Web-Test

Grundlage des *Web-Tests* ist ein Katalog mit über 100 Merkmalen, anhand derer die Qualität eines Internet-Auftritts bestimmt wird. Diese Merkmale sind nach fünf Kategorien geordnet:

Gestaltung: Aufmachung des Designs, wie beispielsweise Kontrast, Zeilenlänge, Textanteil der Seite, Multimedia-Anteil der Seite.

Homogenität: Durchgängigkeit des Designs, beispielsweise Navigation immer an der Navigationssicherheit: Benutzerführung und erwartungskonforme Gestaltung der Navigationselemente.

Aktualitätstransparenz: Anzeige der Aktualität der Inhalte, beispielsweise wann eine Seite erstellt oder zuletzt verändert wurde.

Interaktivität: Gestaltung des direkten Dialogs mit dem Benutzer, beispielsweise Diskussionsforen und Kontaktangaben.

Die einzelnen Kategorien ähneln denen des *Keevil Usability Index*, wobei ein wesentlicher Unterschied darin besteht, dass beim *Web-Test* die Möglichkeit zur Abstufung der Bewertung gegeben ist. Dazu werden für die einzelnen Merkmale Punkte vergeben, deren Anzahl sich nach dem Grad der Erfüllung der Merkmalsanforderungen richtet. Aus der Anzahl der Punkte wird anhand mathematischer Formeln die Gesamt-Usability der Web Site berechnet und die Platzierung in der Rangliste des *managermagazins* bestimmt. Allerdings werden beim *Web-Test* im Gegensatz zum *Keevil Usability Index* diese Formeln nicht offen gelegt, so dass über die Art und Weise der Berechnung und das Zustandekommen des Maßes der Gesamt-Usability keine Aussagen gemacht werden können.

Web Usability Index

Der *Web Usability Index* basiert auf der Grundidee des *Keevil Usability Index*, weist aber einige Verbesserungen gegenüber der Vorlage auf:

Anpassung der Kategorien an den Stand der Forschung

Die Kategorien und Merkmale des *Keevil Usability Index* stammen aus dem Jahr 1998. Aufgrund der Entwicklungen im Bereich der Web-Kommunikation erschien uns zunächst eine Überarbeitung der Kategorien und Merkmale notwendig. Als theoretische Grundlage zur Erweiterung der Kategorien und Merkmale des *Web Usability Index* diente uns vor allem die *Heuristiken für Webkommunikation*. Diese Heuristiken wurden speziell für das World Wide Web entwickelt und basieren auf den Erkenntnissen der Forschungsgebiete Text- und Bildverständlichkeit, Hypertext-Navigation, Webdesign und Usability Testing. Sie decken die Themengebiete Informationsdarstellung, Navigation, Rollenverhältnis Autor-Leser und Textverständlichkeit sowie Logdatenanalyse ab, also alle Bereiche, die für informationsorientierte Web Sites von Bedeutung sind. Weiterhin wurden Merkmale eingebracht, die in verschiedenen Usability-Untersuchungen der Fachrichtung Informationswissenschaft als wichtig für die Benutzungsfreundlichkeit von Web-Angeboten identifiziert wurden.

Differenzierung der Bewertungsmöglichkeiten

Der *Keevil Usability Index* verwendet die Bewertungsmöglichkeit von Merkmalen mit *Ja, Nein* oder *Nicht zutreffend*. Dies hat den Vorteil, dass eine klare Aussage bezüglich des Zutreffens der Merkmale getroffen werden muss. Es hat aber auch den Nachteil, dass die Bewertung nur wenig differenziert erfolgen kann, wenn Merkmale beispielsweise auf verschiedenen Seiten in unterschiedlicher Ausprägung auftreten und deshalb eine differenziertere Bewertung notwendig ist. Deswegen wurde für den *Web Usability Index*, in Anlehnung an den *Web-Test*, eine abgestufte Bewertungsmöglichkeit geschaffen. Für unzutreffende Merkmale wurde die Bewertungsmöglichkeit *Nicht zutreffend (NZ)* aus dem *Keevil Usability Index* beibehalten. Dagegen wurden die Bewertungsmöglichkeiten *Ja* oder *Nein* durch eine Skala mit fünf Stufen ersetzt. Diese reicht in Anlehnung an die Schulnotenskala von *sehr gut* über *gut*, *befriedigend* und *ausreichend* bis *mangelhaft*. Durch diese Abstufung kann eine differenziertere Bewertung erfolgen. Die Verwendung einer Skala mit einer ungeraden Anzahl entspricht der in psychologischen Untersuchungen üblichen Benutzung eines ungeraden Mittelwertes. Mit dieser Möglichkeit der Differenzierung der Bewertung soll die Akzeptanz des *Web Usability Index* bei den Gutachtern verbessert werden. Durch die absoluten Aussagen des *Keevil Usability Index* besteht die Gefahr, dass sich Gutachter - wie die Praxis gezeigt hat - in ihrem Bewertungsspielraum eingeschränkt fühlen und deshalb die engen Bewertungskriterien des Index ablehnen. Dies soll durch den breiteren Bewertungsspielraum vermieden werden. Aus diesem Grund wurde auch eine geringere Vergleichbarkeit der Bewertungen von mehreren Gutachtern in Kauf genommen, die sich aus dem breiteren Bewertungsspielraum der fünfstufigen Skala ergibt.

Verbesserung der Berechnungsformel

Die unzureichende Berücksichtigung des Kontexts durch den *Keevil Usability Index* wurde in der neuen Berechnungsformel folgendermaßen berücksichtigt: ((Summe der Fragenwerte - Anzahl der beantworteten Fragen) / (Anzahl der Fragen - Anzahl der mit *Nicht Zutreffend* beantworteten Fragen) x 4) x 100 Beispiel: von 25 Fragen insgesamt wurden elf Fragen mit 1 (*sehr gut*) bewertet, elf Fragen mit 2 (*gut*) und drei mit NZ (*Nicht zutreffend*) beantwortet. Daraus ergibt sich folgender Prozentsatz an Usability-Mängel: ((33 - 22) / ((25-3) x 4)) x 100 = 12,5 % Diese Formel drückt im Gegensatz zum *Keevil Usability Index* den Anteil von Usability-Mängel in einer Prozentzahl aus. Eine niedere Prozentzahl zeigt an, dass wenige Usability-Mängel existieren, eine hohe Prozentzahl, dass viele Usability-Mängel existieren. Das Gesamtergebnis allein hat nur eine bedingte Aussagekraft bezüglich der Usability-Mängel innerhalb der einzelnen Kategorien. Deshalb bietet es sich an, die einzelnen Kategorien zunächst individuell zu bewerten, um anschließend die erreichten Prozentwerte im Vergleich zur Gesamtbewertung zu betrachten. In seiner hier vorgestellten Form geht der *Web Usability Index* von fünf Kategorien von Merkmalen aus. Je nach Anwendungsgegenstand, beispielsweise bildungsorientierte Web Sites oder wirtschaftsorientierte Web Sites, können innerhalb der einzelnen Kategorien durch das Hinzufügen weiterer Merkmale Ergänzungen vorgenommen werden. Bei Bedarf kann der *Web Usability Index* insgesamt kann durch die Bildung einer oder mehrerer neuen Kategorien erweitert werden. Eine weitere Schwäche des *Keevil Usability Index* war die Rolle der mit *Nicht zutreffend* gekennzeichneten Fragen. Wenn zu viele Fragen unberücksichtigt bleiben, weil sie mit *Nicht zutreffend (NZ)* gewertet wurden, wird den bewerteten Fragen eine zu starke Rolle zugemessen. Der *Web Usability Index* wurde deswegen um die Berechnung des NZ-Koeffizienten erweitert. Der NZ-Koeffizient ist nichts anderes als das Ratio von *Nicht zutreffend* gekennzeichneten Fragen zu allen mit 1 bis 5 bewerteten Fragen. Je geringer der Koeffizient, desto größer die Aussagekraft. Die verbesserte Berechnungsformel hat verschiedene Vorteile gegenüber der Formel von Keevil. Die Unterteilung und separate Berechnung der Kategorien erlaubt eine schnelle und individuelle Aufbereitung der Daten. Darüber hinaus ist eine Erweiterung des *Web Usability Index* um zusätzliche Kategorien möglich. Das ist vor allem dann vorteilhaft, wenn die Untersuchung von Web Sites neben allgemeingültigen Usability-Merkmalen um spezielle Merkmale für bestimmte Bereiche erweitert werden soll, beispielsweise um Merkmale für Web Sites im Bereich Bildung, die sich von Merkmalen für Web Sites von Wirtschaftsunternehmen unterscheiden. Außerdem können verschiedene Web Sites leichter miteinander verglichen werden, da einzelne Kategorien vergleichend betrachtet werden können anstatt nur die Gesamtergebnisse zu betrachten.

Die Kategorien und Merkmale des *Web Usability Index*

Für den *Web Usability Index* wurden fünf Kategorien von Merkmalen gebildet, die für die Evaluation eines Web-Angebots von besonderer Bedeutung sind:

Navigation und Orientierung

Interaktion und Informationsaustausch

Informations- und Textdesign

Auffindbarkeit und Zugänglichkeit

Die einzelnen Merkmale der Kategorien können an dieser Stelle aus Platzgründen nicht vollständig erläutert werden, stellvertretend werden einige Merkmale der fünf Kategorien vorgestellt. Es wird darauf hingewiesen, dass die Auswahl der Kategorien und Merkmale keinen Anspruch auf Vollständigkeit erhebt. Der Vorteil des *Web Usability Index* ist, dass er sowohl hinsichtlich der Kategorien als auch hinsichtlich der Merkmale erweiterbar ist. Deshalb wird auch die Berechnungsformel offen gelegt, um den Anwendern eine Anpassung an die individuellen Evaluationsbedürfnisse zu ermöglichen.

Einige der Merkmale mögen trivial erschienen, aber ein Blick ins Web, beispielsweise bei *KommDesign.de Galerie für schlechtes Web-Design* der Firma Thomas Wirth Kommunikationsdesign (URL http://www.kommdesign.de/galerie/index.htm) oder *Interface Hall of Shame* der Firma Isys Information Architects Inc. (URL http://www.iarchitect.com/mshame.htm) zeigt, dass häufig und zum Teil vehement gegen einfache, aber grundlegende Prinzipien des Informationsdesigns verstoßen wird. Denn das Web ist ein junges Medium, in dem sich Grundsätze der Informationsorganisation und -gestaltung, die sich im Printbereich in mehr als 500 Jahren etabliert haben, erst herausbilden müssen. Außerdem wird das Web vielfach von enthusiastischen Designern gestaltet, die häufig vergessen, dass sie selbst keine typischen Benutzer sind, jedoch fälschlicherweise meinen, was für sie bedienbar ist, müsse zwangsläufig auch für alle benutzbar sein.

Kategorie *Navigation und Orientierung*

Navigation und Orientierung sind von zentraler Bedeutung für die Benutzbarkeit eines Web-Angebots. Merkmale für die Evaluation beziehen sich auf den Navigationsbereich, wie zum Beispiel „Befindet sich der Navigationsbereich immer an der gleichen Stelle?", „Ist der Navigationsbereich immer verfügbar?" oder auf die Orientierung: „Wird ein Pfad als Orientierungshilfe angegeben?". Weitere Merkmale beziehen sich auf Links, beispielsweise „Sind Links immer als solche zu erkennen? (Unterstreichung, Farbgebung, Icons)" oder „Sind besuchte Links farblich gekennzeichnet?"

Kategorie *Interaktion und Informationsaustausch*

Die Kategorie befasst sich mit zwei zentralen Aspekten einer Web Site, den Möglichkeiten des Besuchers zur Interaktion und des Informationsaustauschs. Für diesen Bereich sind zum Beispiel folgende Merkmale als Leitfragen von Interesse: „Gibt es eine Skip-Intro-Funktion für die Begrüßungsseite (Leitseite)?" Denn regelmäßige Besucher wollen nicht immer wieder dieselben Animationen der Begrüßungsseite sehen, sondern direkt ins Webangebot einsteigen. „Gibt es ein Impressum?", es dient dazu die Verantwortlichen zu identifizieren. „Ist eine Kontaktaufnahme auch konventionell (Post, Telefon, Anfahrtsskizze) möglich?" Denn es gibt Situationen, in denen man auf traditionelle Kommunikationsmittel zurückgreifen muss. Diese Merkmale helfen den Informations- und Kommunikationsfluss zu erleichtern.

Kategorie *Aktualität und Qualität*

Die Kategorie benennt Merkmale, die die Glaubwürdigkeit der Web Site betreffen. Dazu gehören die Zuordenbarkeit der Informationen, also Merkmale wie beispielsweise „Sind Name, Position und Referenzen von Autoren von Beiträgen angegeben?" und die Genauigkeit der Informationen wie zum Beispiel „Werden Quellen zu den angebotenen Informationen genannt?" oder „Sind die angebotenen Informationen frei von Tipp-, Rechtschreib- und Grammatikfehlern?" sowie die Aktualität der Informationen wie zum Beispiel „Sind die angebotenen Informationen auf dem aktuellen Stand?" und „Sind die angebotenen Informationen mit einem Datum versehen?" Diese Merkmale stehen für Qualitätskriterien, die die Glaubwürdigkeit der Web Site erhöhen.

Kategorie *Informations- und Textdesign*

Das Web ist zwar ein hypermediales Medium, aber Text spielt als Informationsträger eine zentrale Rolle, weshalb sich mehrere Merkmale mit der Textgestaltung befassen, zum Beispiel „Ist die Schrift groß genug, um erkennbar und lesbar zu sein?" und „Kontrastiert die Schrift ausreichend mit dem Hintergrund?". Gerade für Benutzer mit eingeschränkter Sehkraft, z. B. ältere Leser, sind solche Aspekte sehr wichtig. Im Bereich der Grafik sind zum Beispiel folgende Merkmale wichtig: „Sind die Icons aussagekräftig und haben sie einen Bezug zu dem, was sie darstellen?" oder „Sind die Icons mit erläuternden Texten versehen?" Denn häufig sind Icons und Grafiken nicht selbsterklärend oder sogar nur rein dekorativ.

Kategorie *Auffindbarkeit und Zugänglichkeit*

Die Kategorie analysiert die Webpräsenz sowohl aus der Sicht von Benutzern als auch aus technischer Sicht auf Merkmale der Auffindbarkeit und Zugänglichkeit. Für den Benutzer sind Merkmale wichtig wie zum Beispiel „Ist die Webadresse so gewählt, dass sie einen sinnvollen Bezug zur Organisation oder zum Unternehmen herstellt?", „Ist die Webadresse kryptisch oder gut zu behalten?". Auch technische Fragen sind wichtig wie zum Beispiel „Kann die Web Site in verschiedenen Web-Browsern ohne wesentliche Beeinträchtigungen betrachtet werden?" oder „Gibt es High Tech- und Low Tech-Varianten der Web Site?". Bezüglich der Auffindbarkeit und Zugänglichkeit für Suchmaschinen sind Merkmale wichtig wie beispielsweise „Existieren für zentrale Webseiten Metadaten, beispielsweise nach dem Dublin Core Element Set?" oder „Gibt es Indexierungshilfen für nichtindexierbare Informationen wie Bild- und Tondateien?"

Anwendung des *Web Usability Index*

Wie beim *Keevil Usability Index* gehen Gutachter individuell das Web-Angebot durch und beantworten die Fragen in der *Excel*-Datei des *Web Usability Index*. Als Antwortmöglichkeit kommt beim *Web Usability Index* eine Bewertung mit *Nicht zutreffend (NZ)* oder im Rahmen der fünfstufigen Skala in Frage, wobei in der *Excel*-Tabelle in der Spalte des betreffenden Merkmals die zutreffende Eigenschaft mit einer Eins (zutreffend) eingetragen wird. Die übrigen Felder der Spalte bleiben leer, sie müssen nicht von Hand mit Null (nicht zutreffend) gekennzeichnet werden, dies erledigt das Programm automatisch. *Excel* errechnet dann automatisch nach der oben dargestellten Formel die

Usability bezüglich der jeweiligen Kategorien sowie die Usability-Mängel der Web Site insgesamt.

Websites selbst testen

Um eine Website wirklich benutzerfreundlich zu machen, ist es am besten, eigene Tests durchzuführen. Allgemeine Studien treffen selten die individuelle Zielgruppe, damit sind ihre Ergebnisse nur begrenzt übertragbar. Für kleinere Web-Auftritte bietet es sich an, einen eigenen `Do-it-yourself´-Benutzertest durchzuführen. Aufwand und Kosten sind gering. Man benötigt mindestens sechs Personen, die der Zielgruppe der zu testenden Site entsprechen sollten. Insbesondere sollte man die Personen danach auswählen, wie vertraut die späteren Besucher mit dem Internet und dem Thema des Web-Auftritts sind. Mit jedem `Probanden´ wird ein eigener Termin vereinbart, zu dem er verschiedene `Aufgaben´ lösen muss. Wichtig ist, dass dem Probanden vorher nichts über die Site erzählt wird. Man sollte ihm stets das Gefühl geben, dass er der Testpilot ist und nicht selbst auf dem Prüfstand steht. Außerdem sollte der Proband dazu angehalten werden, `laut zu denken´, also auszusprechen, was ihm gerade durch den Kopf geht. Dieser `Gedankenstrom´ gibt dem Tester wichtige Hinweise auf Stolpersteine für die späteren Nutzer. Bei den Aufgaben kommt es darauf an, dass sie lebensnah sind und der Themenstellung der Site entsprechen. Bei einem Online-Shop etwa sollte eine Aufgabe eine Produktbestellung sein. Dies könnte beispielsweise so aussehen:
`In welchen Farben ist das Produkt XYZ erhältlich?´
`Bestellen Sie Produkt Z in der Version y.´
`Welche Versandkosten sind dafür zu entrichten?´
`Finden Sie heraus, wen Sie kontaktieren können, wenn Sie noch Fragen haben.´
Beim Lösen der Aufgaben sollte der Tester seinem Probanden über die Schulter schauen und sich Notizen über sein Surf-Verhalten machen. Praktisch für die spätere Auswertung ist, wenn das Surfverhalten mittels eines Screen-Recorders wie zum Beispiel Camtasia (www.techsmith.com) aufgezeichnet wird. Wird der Proband auf Video aufgezeichnet, kann dies für die Auswertung und Präsentationen der Ergebnisse ebenfalls nützlich sein. Der Tester darf nicht erläuternd eingreifen - auch dann nicht, wenn der Proband einen Fehler macht und nicht weiter kommt. Ganz im Gegenteil wird es genau dann interessant, da beobachtet werden kann, ob die gewählten Umwege schließlich

doch zum Ziel führen. Bei der Auswertung der Testsitzungen kann auch mit wenigen Probanden meist schon eine große Zahl potenzieller Stolpersteine aufgedeckt werden. Für große Sites, bei denen eine mangelnde Benutzerfreundlichkeit signifikante Umsatzverluste bedeuten kann, empfiehlt sich die Zusammenarbeit mit einer auf Usability spezialisierten Agentur. Deren Spezialisten garantieren valide Ergebnisse und können vor allem für vielschichtigere Zielgruppen eine gute Hilfe bei der Rekrutierung von Probanden sein.

Zusammenfassung

Der *Web Usability Index* eignet sich für einen schnellen Überblick über die Usability-Mängel einer Web Site bzw. für den schnellen und globalen Vergleich der Usability von konkurrierenden Web-Angeboten. Allerdings darf gerade beim Vergleich mit einem oder mehreren Web-Angeboten mit Hilfe des *Web Usability Index* eines nicht vergessen werden: wenn die eigene Web Site eine bessere Usability hat als eine wenig benutzerfreundliche konkurrierende Web Site, dann macht sie dies noch nicht zu einer benutzerfreundlichen Web Site per se. Der *Web Usability Index* berücksichtigt zentrale Kriterien der Web Usability, aber er ist kein Instrument für eine detaillierte Usability Evaluation. Er kann jedoch den Einstieg in eine tiefer gehende Usability Evaluation bilden, indem er eine erste Einschätzung der Usability-Mängel einer Web Site liefert und das Bewusstsein dafür weckt, dass eine detailliertere Evaluation nötig ist. Damit kann der *Web Usability Index* helfen, die eingangs erwähnte Einschüchterungsbarriere bei der Usability Evaluation zu durchbrechen. Denn der wichtigste Schritt zur Verbesserung der Usability eines Web-Angebots ist, die Notwendigkeit einer Usability Evaluation zu erkennen und dann tätig zu werden.

Fazit

Im Gegensatz zur Evaluation von Software zur Erledigung bestimmter Aufgaben differieren von den verschiedenen Genres der Websites die Möglichkeiten, deren Zielsetzung in konkrete Attribute zu unterteilen und diese mit kritischen Werten zu versehen. Vor Beginn eines Evaluationsverfahrens einer extern erstellten Website müssen deshalb zunächst mit dem Auftraggeber die damit verbundenen Ziele konkretisiert werden. Die Seattle-Heuristiken, die die Abarbeitung der für die Usability relevanten Aspekte durch die Experten strukturieren, bieten hier eine wesentliche Unterstützung und garantieren ein kontrolliertes methodisches Vorgehen, das sich auch in dem hohen Prozentsatz der Übereinstimmungen in der von den einzelnen Experten aufgestellten Mängelliste widerspiegelt. Wesentlich erscheint uns, dass die Entwicklung und die Evaluierung von unterschiedlichen Instanzen vorgenommen werden, da nur durch diese Trennung die für den Evaluationsprozess notwendige Distanz und Unvoreingenommenheit gegenüber dem Produkt ermöglicht wird. Insbesondere zur Durchführung der Nutzertests bedarf es geschulter Versuchsleiter, um Verzerrungen durch – auch unbeabsichtigte – Einflussnahme auszuschließen. Nicht umsonst wird das Usability Testing als das Herzstück des Usability Engineerings bezeichnet, denn die Bewertung der Usability wird – wie auch in der Realität – vom Endnutzer vorgenommen. Deshalb sollte auf dieses Verfahren nicht verzichtet werden und zumindest in der einfachen Variante (Discount Usability Testing) zur Anwendung kommen. Die Vorbehalte, die der Methode des lauten Denkens entgegengebracht werden, können wir nicht bestätigen. Das mag daran liegen, dass dieses Verfahren vor Testbeginn mit den Versuchsteilnehmern zunächst eingeübt wird. Insgesamt drängt sich eher der Eindruck auf, dass die Versuchspersonen die Möglichkeit schätzen, beispielsweise ihre Orientierungsschwierigkeiten zu äußern und ihrem Ärger Luft zu machen. Ungeachtet unserer sehr positiven Erfahrungen bedarf es weiterer Forschungsbemühungen zur Optimierung der Verfahren zur Webevaluation. Mit der zunehmenden Informationsorientierung und Ausweitung der Interaktionskomponente bei Webangeboten im Sinne von Serviceangeboten steigen die Anforderungen an die Usability, denn beim E-Business kann der Endnutzer in der Regel zuerst die Serviceleistung überprüfen, bevor er sich entscheidet, Kunde zu werden.

Literaturverzeichnis

Harms, Ilse/Schweibenz, Werner: Testing Web Usability.

Harms, Ilse/Schweibenz, Werner (2000): Usability Engineering Methods for the Web. Results From a Usability Study.

Harms, Ilse/Schweibenz, Werner: Usability Evaluation von Web-Angeboten mit dem Web Usability Index.

Petra Vogt: Dem Surfer auf der Spur. Untersuchungen zur Benutzerfreundlichkeit von Websites. C't 2002. Verlag Heinz Heise GmbH & Co KG.